Sonja Filip

„Homo homini lupus" - Die Staatstheorie des Thomas Hobbes

GRIN Verlag

Bibliografische Information der Deutschen Nationalbibliothek:

Die Deutsche Bibliothek verzeichnet diese Publikation in der Deutschen National-
bibliografie; detaillierte bibliografische Daten sind im Internet über http://dnb.d-
nb.de/ abrufbar.

Impressum:

Copyright © 2006 GRIN Verlag GmbH
Druck und Bindung: Books on Demand GmbH, Norderstedt Germany
ISBN: 978-3-638-66734-0

Dieses Buch bei GRIN:

http://www.grin.com/de/e-book/60334/homo-homini-lupus-die-staatstheorie-des-
thomas-hobbes

GRIN - Your knowledge has value

Der GRIN Verlag publiziert seit 1998 wissenschaftliche Arbeiten von Studenten, Hochschullehrern und anderen Akademikern als eBook und gedrucktes Buch. Die Verlagswebsite www.grin.com ist die ideale Plattform zur Veröffentlichung von Hausarbeiten, Abschlussarbeiten, wissenschaftlichen Aufsätzen, Dissertationen und Fachbüchern.

Besuchen Sie uns im Internet:

http://www.grin.com/

http://www.facebook.com/grincom

http://www.twitter.com/grin_com

Ruprecht-Karls-Universität Heidelberg
Philosophisches Seminar

WS 2005 / 2006
- Zwischenprüfungsarbeit -

„Homo homini lupus" -
Die Staatstheorie des Thomas Hobbes

Sonja Filip

Germanistik (5), Philosophie (5), Mathematik (3)
Studienziel: Staatsexamen

0. Inhaltsverzeichnis

1. Einleitung

Die Suche nach der idealen Form des gemeinsamen Zusammenlebens ist wohl so alt wie die Menschheit selbst. Nicht nur in verschiedenen Ländern und Kulturkreisen, sondern auch – oder vor allem - in verschiedenen Epochen lassen sich hierbei jedoch gravierende Unterschiede aufzeigen. Der griechische Denker Aristoteles war einer der ersten, der eine Theorie zum Bau eines Staates aufstellte.[1] Seine Staatstheorie, die er vor allem in seiner Schrift *Politik* darlegte, beeinflusste die Philosophie viele Jahrhunderte. Dieser scheinbar unüberwindliche Einfluss reichte bis ins 17. Jahrhundert und konnte erst von Thomas Hobbes gebrochen werden, der eine radikale Wende im Denken vollzog und von sich selbst im vollen Bewusstsein der eigenen Modernität sagte, dass erst mit ihm die neuzeitliche, politische Philosophie beginne:

> „[S]o ist sie [die politische Philosophie, Anm. d. Verf.] nicht älter als das Buch, das ich unter dem Titel De Cive selbst geschrieben habe."[2]

Für Hobbes hat die praktische Philosophie der Tradition versagt, da sie den Menschen keinen zuverlässigen Weg zum Frieden weisen konnte. Er löste sich vollkommen von den bis dato herrschenden Vorstellungen und war von dem Ehrgeiz erfüllt, die scholastische Philosophie zu überwinden und an die Stelle der Berufung auf Autoritäten wie Platon und Aristoteles eine systematische und methodisch stringente Argumentation zu setzen.

Durch die in seinem 1651 erschienenen Hauptwerk *Leviathan* begründete Theorie des Gesellschaftsvertrages erlangte Hobbes Berühmtheit. Das Hauptziel seiner politischen Philosophie lag in der Errichtung einer friedvollen und stabilen Ordnung menschlichen Zusammenlebens. Dafür bedarf es einer präzisen und nachvollziehbaren Begründung der Existenz des Staates, die nicht mehr auf normativ-ontologischen Prämissen, sondern vielmehr den Genauigkeitsstandards der zeitgenössischen Naturwissenschaften, der Geometrie und der mechanischen Physik Newtons, basiert. Erstmals wurde durch ihn auch das radikale Programm der prinzipiellen Herrschaftslegitimation in die politische Philosophie eingeführt.

Die vorliegende Arbeit soll die Theorie von Thomas Hobbes ausführlich darstellen, nachdem zuvor auf Hobbes' Vita und auch auf die gesellschaftlichen sowie die politischen Umstände seiner Zeit, vor allem den englischen Bürgerkrieg, eingegangen werden wird.

---

[1] Allerdings ist hierbei zu erwähnen, dass sich Staatstheorien aus der Zeit des antiken Griechenlands zunächst nicht auf einen Staat im heutigen Sinn einer Gebietskörperschaft bezogen, sondern auf den Personalverband einer Polis (Stadtstaat).

[2] Hobbes: De corpore, dt.: Vom Körper, Widmungsbrief (fehlt in der deutschen Ausgabe), zitiert nach: Kersting: Thomas Hobbes zur Einführung, Hamburg 2002, 44.

Es soll immer wieder auch die Staatstheorie des Aristoteles in den Blick genommen und diese der Theorie Hobbes' gegenübergestellt werden, um wichtige Unterschiede untersuchen und die radikale Abwendung Hobbes' von den antiken Vorstellungen erkennen zu können.

2. Thomas Hobbes

2.1. Biografie[3]

Hobbes wurde am 5. April 1588 in Westport bei Malmesbury geboren. Er, der später den politischen Einfluss der Geistlichen als eine der Ursachen des Bürgerkriegs sah, war Sohn eins Pfarrers. Da er bereits mit vier Lebensjahren lesen, schreiben und rechnen konnte, wurde er als Wunderkind bezeichnet. Ein Onkel übernahm nach dem Tod des Vaters die Sorge für seine Erziehung und sorgte dafür, dass Hobbes in einer Privatschule in den klassischen Sprachen unterrichtet wurde. Mit vierzehn Jahren begann er 1603, in scholastischer Tradition Logik und Physik an der Universität in Oxford zu studieren. Allerdings lehnte er später die an der Universität herrschende Tradition der Philosophie scharf ab, vor allem Äußerungen Hobbes' über Aristoteles waren meist polemischer Natur; einmal nannte er ihn beispielsweise „den schlechtesten Lehrer, den es je gegeben hat, den schlechtesten Moral- und Staatsphilosophen."[4] Nach seinem Bachelor-Abschluss im Jahre 1608 wurde er Hauslehrer bei der adligen Familie Cavendish. Diesen Posten hatte er mit Unterbrechungen bis zu seinem Lebensende inne. Unter anderem unterrichtete er William Cavendish, der später Graf von Devonshire wurde. Auf den Bildungsreisen, die er mit seinen Schülern unternahm, kam er unter anderem nach Frankreich und Italien, wo die Bemühungen um eine Erneuerung der Philosophie fortgeschrittener waren als in England. Außerdem kam er so in Kontakt mit den Gelehrten seiner Zeit wie Marin Mersenne, René Descartes, Francis Bacon (dessen Privatsekretär er vorübergehend war) und Galileo Galilei, was ihm einen intensiven Gedankenaustausch und auch die scharfe Auseinandersetzung mit den großen Denkern seiner Zeit ermöglichte. Der entscheidende Anstoß für sein eigenes methodisches Bewusstsein war seine Begegnung mit Euklids *Geometrie*, wonach für ihn die Geometrie zum Muster jeder wahren Wissenschaft wurde. Vermutlich hätte Hobbes ohne äußeren Anstoß nicht so bald seine politischen Werke wie *Human nature; or the Fundamental Elements of Policy* oder *de Corpore Politico, or the Elements of Law* verfasst, doch von der Cavendish-Familie aufgefordert, bezog Hobbes

---

[3] Dieser Abschnitt stützt sich auf Tuck: Hobbes, Freiburg, Basel, Wien 2004 sowie auf Münkler: Thomas Hobbes, Frankfurt am Main 2001.

[4] Zitiert nach Hobbes: Vom Menschen. Vom Bürger, Hamburg 1959, herausgegeben und übersetzt von Gawlick, Vorwort des Herausgebers, 5.

1640 als Royalist Stellung im Streit zwischen Krone und Parlament, brachte so das Unterhaus gegen sich auf, konnte vom geschwächten König nicht mehr genügend geschützt werden und floh deshalb im selben Jahr nach Frankreich. In Paris erteilte er seit 1645 dem späteren englischen König Karl II. Unterricht in Mathematik, erkrankte 1647 aber schwer und übergibt seine Manuskripte einem Freund, da er mit seinem baldigen Tode rechnete. Nach seiner Erholung begann er die Arbeit am *Leviathan*. Nachdem dieser 1651 in London erschien, wurde er am Hofe Karls II. sehr ungünstig aufgenommen und Hobbes des Verrats an den Interessen der Royalisten beschuldigt und vom Hof verbannt. Daher kehrte Hobbes zurück in das mittlerweile zur Republik gewordene England. Doch auch hier war er wegen des angeblichen atheistischen und häretischen Charakters des *Leviathan* vielfach Anfeindungen durch die Kirche und den Adel ausgesetzt. Zunächst blieb er jedoch von Regierungsseite aus relativ unbehelligt, was sich nach Veröffentlichung von *De Corpore* (1655) und *De Homine* (1658) nach der Restauration der Monarchie 1660 jedoch ändern sollte. Allerdings ging der Verfolgungseifer weniger vom neuen König Karl II., sondern vielmehr von traditionell anglikanischen und presbyterianischen Kreisen aus. Mehrfach wurde sogar versucht, eigens dafür, ihn wegen der ihm vorgeworfenen Häresie juristisch zur Rechenschaft ziehen zu können, eine strafrechtliche Gesetzesgrundlage zu schaffen, was Hobbes dank einflussreicher Freunde in der Regierung unversehrt überstehen konnte. 1668 vollendete er *Behemoth or the Long Parliament*, eine kritische Geschichte der Bürgerkriegsepoche, für die er jedoch keine Druckerlaubnis erhielt.

Thomas Hobbes starb am 3. Dezember 1679 in Hardwick Hall / Derbyshire.

1683 wurden seine Schriften in der Universität Oxford aufs Schärfste verurteilt und öffentlich verbrannt. Noch lange nach seinem Tod erschienen Pamphlete gegen ihn wie beispielsweise die „Dialoge in der Unterwelt", in denen Hobbes entweder seine Sünden bekennt oder aber verstockt auf seinen Auffassungen beharrt.

2.2. Gesellschaftlicher und politische Hintergrund[5]

Der Ehrgeiz Hobbes', für die politische Theorie ein Grundlagenwerk zu schreiben, das alle bisherigen Ansätze vergessen lässt und das die Wiederherstellung und Sicherung des inneren Friedens auf allgemeine Prinzipien gründet, denen jeder Einzelne in eigenem Interesse zustimmen können muss, ist vor allem auf zwei Faktoren zurückzuführen: Erstens ist dies die Nähe zu politischen Entscheidungsträgern seiner Zeit, in deren Umfeld

---

[5] Dieser Abschnitt stützt sich auf Münkler: Thomas Hobbes sowie auf http://www.britannien.de/Geschichte/Geschichte.htm (28.02.2006).

er sich seit der Beendigung seines Universitätsstudiums ständig aufgehalten hat, sei es bei der Familie Cavendish oder auch am Exilhof der Gemahlin Karls I. in Paris. Der zweite Faktor ist seine persönliche Erfahrung des englischen Bürgerkriegs, von dem er glaubt, dass er zu verhindern gewesen wäre, denn

> „[w]enn die Moralphilosophen ihre Aufgabe mit dem gleichen Geschick [wie die Geometer, Anm. d. Verf.] gelöst hätten, [...] wenn die Verhältnisse der menschlichen Handlungen mit der gleichen Gewissheit erkannt worden wären, wie es mit den Größenverhältnissen der Figuren geschehen ist, so würden Ehrgeiz und Habgier gefahrlos werden [...] und das Menschengeschlecht würde einen beständigen Frieden genießen."[6]

Der Bürgerkrieg in England, der Hobbes' Zeit entscheidend prägte, hatte vielfältige Ursachen, welche im Folgenden skizzenhaft nähere Betrachtung finden sollen. Zunächst ist hier die relative Instabilität des Tudor-Staates mit ihren Repräsentanten Heinrich VIII. (1509 – 1547) und Elisabeth I. (1558 – 1603) zu nennen, die daran scheiterten, ein stehendes Heer, eine entwickelte Demokratie und eine regelmäßige Besteuerung durchzusetzen. Des Weiteren hatte sich die Anzahl der englischen Bevölkerung von 1520 bis 1640 verdoppelt, was zu einer Senkung des Lebensstandards des Einzelnen führte und damit die Lebensperspektiven der Menschen dergestalt veränderte, dass ihre Gehorsamsbereitschaft gegenüber dem Herrscher sank. Zum Dritten sank das Vertrauen der Bevölkerung in die Politik des Landes, da diese sich den vielfältigen neuen Aufgaben, die sich aufgrund des gesellschaftlichen Wandels stellten, nicht gewachsen zeigte. Zum Vierten wurde trotz allem die Bildung, vor allem die Fähigkeit, die Bibel zu lesen, immer verbreiteter, was dem Puritanismus, der eine herausragende Rolle für den Verlauf des Bürgerkriegs spielte, regen Zulauf verschaffte. Fünftens war auch den einfachen Leuten durch die calvinistische Prädestinationslehre ein gewachsenes Selbstvertrauen verliehen worden, was ihnen den Mut gab, ihrem König die Stirn zu bieten. Und schließlich schürte Karl I., der 1625 den Thron übernahm, nicht nur durch die Hochzeit mit Henrietta Maria de Bourbon, der katholisch erzogenen Tochter des französischen Königs Heinrich IV., die Wut des Volkes, sondern auch, indem er sich mehrfach im Zuge seiner Restaurationspolitik über das Parlament hinwegsetzte. Er erhob ohne dessen Zustimmung Steuern und rief somit den energischen Widerstand des Parlaments, in dem zahlreiche Puritaner vertreten waren, hervor.

1629 ordnete Karl I. die Auflösung des Parlaments an und regierte bis 1640 quasi als absolutistischer Herrscher. Er ließ seine politischen und religiösen Gegner verfolgen,

---

[6] Hobbes: De Cive, dt.: Vom Bürger, Widmungsbrief, 61; Seitenangaben beziehen sich auf die Ausgabe Gawlick (Hrsg.): Thomas Hobbes: Vom Menschen. Vom Bürger, Hamburg 1959.

wovon vor allem die Puritaner betroffen waren. In Folge eines Aufstandes der presbyterianischen Schotten, bei denen der anglikanische Glaube durchgesetzt werden sollte, sah sich Karl I. 1640 dazu gezwungen, zur Bewilligung weiterer Finanzmittel das Parlament einzuberufen, löste es allerdings schon nach wenigen Wochen wieder auf, weshalb man auch vom ‚Kurzen Parlament' spricht. Weitere englische Misserfolge im Kampf gegen die aufständischen Schotten zwangen Karl I. noch im selben Jahr dazu, das Parlament ein weiteres Mal einzuberufen, welches in Abgrenzung zum ‚Kurzen Parlament' auch als ‚Langes Parlament' bekannt wurde.

In Irland befürchtete man eine gewaltsame Anglikanisierung, weshalb es dort 1641 zur offenen Rebellion kam, der zahlreiche englische und schottische Siedler zum Opfer fielen. Karl I. wollte sich an die Spitze eines Feldzugs gegen die rebellischen Iren setzen, was ihm die Mehrheit des Parlaments verweigerte. Als Reaktion darauf formierte sich aus gemäßigten Abgeordneten eine königstreue Partei. Im Januar 1642 ordnete Karl I. die Verhaftung mehrerer oppositioneller Parlamentarier an. Daraufhin verließ er London und rüstete zum Kampf. Das Parlament leitete die Aufstellung einer Armee in die Wege, um den royalistischen Kräften begegnen zu können. Während der Dreißigjährige Krieg auf dem europäischen Festland langsam seinem Ende entgegenwütete, versank England nun in Bürgerkriegswirren, was die Engländer in „Cavaliers" („Reiter", also die Getreuen des Königs) und „Roundheads" (aufgrund ihres meist kurzen Haarschnitts so genannte Anhänger des Parlaments) spaltete. Der Krieg führte zur völligen Vernichtung der Macht des Königs, zur uneingeschränkten Herrschaft des Parlaments und endete mit der Hinrichtung König Karls I. am 30. Januar 1649, der zeitweiligen Abschaffung der Monarchie und der Errichtung einer Republik.

Von 1649 bis 1659 bestand in England unter Oliver Cromwell und seinem Sohn Richard Cromwell das Commonwealth of England. In dieser Zeit hatte England zum ersten Mal eine niedergeschriebene Verfassung. Die Republik hatte allerdings nur bis 1653 Bestand und wurde von einer puritanischen Militärdiktatur unter Cromwell als Lord Protector abgelöst. Nach dem Tode Cromwells trat sein Sohn Richard 1658 in die Fußstapfen seines Vaters. Allerdings stellte sich bald heraus, dass dieser seiner Aufgabe nicht gewachsen war. Er wurde vertrieben, Karl II. übernahm seinen Platz und stellte 1660 die Zustände von 1642 wieder her.

3. Hobbes' Menschenbild

Um zu verstehen, weshalb Hobbes den Menschen als „dem Menschen ein Wolf" bezeichnen kann, ist es nötig, sich in aller Kürze mit dem Menschenbild Hobbes' auseinanderzusetzen.

Hobbes' Verständnis von Natur und Verhaltensdisposition des Menschen ist nicht etwa durch tatsächlich beobachtbare Handlungen Einzelner, sondern vielmehr durch die mit anderen gemachten Erfahrungen geprägt.[7] Daher erfordert schon die bloße Annahme der Existenz einiger böser Menschen ein Handeln, das von der grundsätzlichen Schlechtigkeit aller ausgeht. Dieses Misstrauen sieht Hobbes auf den alles beherrschenden Trieb des Menschen nach Selbsterhalt gegründet, der die Menschen mit allen dazu erforderlichen Mitteln nach Macht streben lässt. Dies steht in starkem Kontrast zu Aristoteles' Menschenbild, das den Menschen als von Natur aus politisches Lebewesen darstellt. Bei ihm gründet die Polis nicht auf das Selbsterhaltungsinteresse der Menschen, sondern sie besteht vielmehr „um eines Guten willen"[8], da er die Politik als Bereich der Verwirklichung und Vollendung der menschlichen Natur sieht. Hobbes dagegen sieht den Menschen von Natur aus nicht in einen sozialen Zusammenhang gestellt, sondern als ein isoliertes, zunächst bindungsloses Wesen, das einzig und allein nach Selbsterhaltung strebt. Jeder lebt für sich; die Gesellschaft liegt dem natürlichen Interesse des Einzelnen fern.

Das Bild, das Hobbes vom Menschen entwirft, zeigt diesen als extremen Idealisten und egoistischen Nutzenmaximierer, der nur nach der Erfüllung seiner eigenen Interessen strebt. Daher existiert im rechtsfreien Raum des Naturzustandes keine normative Instanz außerhalb des Individuums; die Begriffe Gut und Böse werden verlagert auf die individuelle Entscheidungsebene[9], denn als gut wird das bezeichnet, was zu dem, was erstrebt wird, führt, als schlecht das, was zu dem führt, was vermieden werden soll. Ohnehin nimmt Hobbes nur zwei Bewegungsformen – das Streben und das Vermeiden – an und sieht keinen Endpunkt, an dem die Bewegung zur Ruhe gelangt. Diesen Endpunkt, das *summum bonum*, also das höchste Gut, gibt es in der Theorie des Aristoteles allerdings - die *eudaimonia*, die Glückseligkeit, die nur um ihrer selbst willen und nicht als Mittel zum Zweck angestrebt wird. Hobbes dagegen sieht die Glückseligkeit an als

---

[7] Vgl. Münkler: Thomas Hobbes, 80.
[8] Aristoteles: Politik, hrsg. v. Gigon, München 1973, 1252a 2.
[9] Damit geht die Subjektivierung des Glücksbegriffs einher, während Aristoteles von der Möglichkeit einer objektiven Glückstheorie überzeugt war.

„ein ständiges Fortschreiten des Verlangens von einem Gegenstand zu einem anderen, wobei jedoch das Erlangen des einen Gegenstandes nur der Weg ist, der zum nächsten Gegenstand führt."[10]

Deutlicher hätte sich Hobbes von der klassischen Moralphilosophie, die die Habgier als Widerpart aller Tugenden ansah, kaum abkehren können.

4. Staatstheorie

Thomas Hobbes ist ein Anhänger der Vertragstheorie bzw. des Kontraktualismus. Diese Theorie ist ein Gedankenexperiment, um Rechtsordnungen zu rechtfertigen. Gegliedert ist das Gedankenexperiment in einen argumentationsstrategischen Dreischritt bestehend aus Naturzustand, Gesellschaftsvertrag und Gesellschaftszustand. Der Naturzustand als rechts- und schutzfreier Raum lässt den Menschen zwar in Freiheit, aber auch in Furcht leben. Um diesen Zustand zu überwinden, schließen die Menschen unter den Rationalitätsbedingungen der strikten Wechselseitigkeit einen Vertrag der freiwilligen Selbstbeschränkung, durch den sie in den Gesellschaftszustand übergehen, in dem ihnen Schutz von einem Souverän garantiert wird.

Die Argumentation der Vertragstheorie hat nicht den Anspruch, tatsächliche Ereignisse zu beschreiben, sondern ist vielmehr rein hypothetisch und lediglich ein heuristisches Mittel, das rechtsfreie Räume in jedem Fall schlechter auszeichnet als Rechtsräume, und Rechtsräume sowie Herrschaftsstrukturen damit zu legitimieren versucht.

Auch hier ist ein Unterschied zu Aristoteles auffallend – während Hobbes in der Tat nur den Anspruch hat, eine theoretische Konstruktion von Staatlichkeit zu zeigen, hat Aristoteles mit seiner Theorie der Polis die politische Philosophie als eine Wissenschaft angesehen, die ihren Gegenstand aus der Praxis gewinnt und daher nicht – wie die theoretische Philosophie – Wahrheit, sondern vielmehr Praxis-Angemessenheit anstrebt, denn seine

„Abhandlung [ist] nicht [...] auf theoretisches Wissen ausgerichtet [...] (denn wir erforschen die Gutheit nicht damit wir *wissen*, was sie ist, sondern damit wir *gut werden*, da unsere Untersuchung sonst ganz nutzlos wäre"[11].

4.1. Der Naturzustand

Im Zentrum der Hobbesschen Vertragstheorie steht das Theorem des Naturzustandes[12], durch dessen Analyse erst der rechtsfreie Raum als nicht wünschenswert ausgezeichnet

---

[10] Hobbes: Leviathan, 11, 75; .Seitenangaben beziehen sich auf die Ausgabe Fetscher (Hrsg.): Thomas Hobbes: Leviathan oder Stoff, Form und Gewalt eines kirchlichen und bürgerlichen Staates, Neuwied, Berlin 1966.
[11] Aristoteles: Nikomachische Ethik, hrsg. v. Wolf, Reinbek 2006, II.1103b 26ff.

wird und deutlich wird, dass ohne eine allgemeine Macht ein sicheres Leben nicht möglich ist.

Aristoteles kann von einem solchen Naturzustand gar nicht ausgehen, da für ihn der Mensch als *zôon phýsei politikón*, als ein „von Natur aus [...] staatenbildendes Wesen"[13] wie die Ameisen und die Bienen schon immer und von Natur aus in einen gesellschaftlichen Zusammenhang gestellt ist. Hobbes greift genau diesen Punkt der aristotelischen Theorie auf und gibt mehrere Gründe an, warum sich Menschen nicht wie die so genannten politischen Lebewesen Ameise und Biene verhalten. Diese Gründe[14] sind, kurz zusammengefasst, der beständige Wettstreit der Menschen um Ehre und Würde, die nicht vorhandene Einheit von Privat- und Gemeinwohl, die Vernunft, welche die Menschen immer wieder ihre Verwaltung kritisieren und so Bürgerkriege heraufbeschwören lässt, die dem Mensch allein eigene Fähigkeit der Sprachbenutzung, die Angewohnheit der Menschen, auch in Mußezeiten zu Feindschaft und Kritik an der Regierung zu neigen, und schließlich die Tatsache, dass die Übereinstimmung dieser politischen Lebewesen „natürlich ist", während sie bei den Menschen „nur auf Vertrag beruht, der künstlich ist".[15]

Mit seiner *zôon politikón*-These verbindet Aristoteles die Auffassung, dass die politische Gemeinschaft als logisch prioritär angesehen werden muss, denn „das Ganze muß ursprünglicher sein als der Teil"[16] – soll heißen, dass der Mensch als isoliertes, bindungsloses Lebewesen seine ihn auszeichnenden intellektuellen und ethischen Anlagen überhaupt nicht vervollkommnen kann. Daher ist für Aristoteles die Politik nicht von der Ethik abzutrennen, während Hobbes beide Untersuchungsbereiche getrennt betrachtet. Eben diese begründungslogische Priorität der politischen Gemeinschaft bestreitet Hobbes mit seiner Theorie. Er sieht die staatliche Gemeinschaft als sekundär an und kann daher den Naturzustand als den fiktiven Lebensraum der natürlichen, vorsozialen Menschen unter Abstraktion aller Institutionen und Regeln ohne moralische und rechtlich-staatliche Ordnung annehmen, der „einfach das [ist], was da ist, wo Recht nicht ist".[17]

Der Mensch, so Hobbes, ist bestimmt durch Leidenschaften, von denen die stärkste die Todesfurcht ist, aber auch durch „das mehr oder weniger starke Verlangen nach Macht,

---

[12] Nach Hobbes „der Zustand der Menschen außerhalb der bürgerlichen Gesellschaft" (Hobbes: De Cive, Vorwort an die Leser, 69).
[13] Aristoteles: Politik, 1253a 3f.
[14] Folgendes vgl. Hobbes: Leviathan, 17, 133f.
[15] Ebd., 17, 134.
[16] Aristoteles: Politik, 1253a 20f.
[17] Bubner: Polis und Staat, Baden-Baden 2002, 137.

Reichtum, Wissen und Ehre"[18]. Im Gegensatz zu den Tieren ist in der Lage, ein praktisches Zukunftsbewusstsein zu entwickeln; ihn macht „sogar der künftige Hunger hungrig"[19].

Demnach geht es dem Menschen nicht nur darum, momentane Besitztümer und Annehmlichkeiten zu sichern, sondern auch darum, diese für die Zukunft zu bewahren. Im Naturzustand gibt es kein Eigentum und keine Herrschaft, sondern nur einen temporären Besitz von Gegenständen, so lange man diese verteidigen kann. Da die begehrten Güter knapp sind, ebenso wie die Mittel zu ihrem gegenwärtigen und künftigen Erwerb, konkurrieren die Menschen um die erstrebten Güter und die Macht[20], um die Güter zu bewahren und zu sichern[21]. Dies erklärt sich auch daraus, dass der Mensch dem im innewohnenden Wunsch nach Glück nur über den Umweg der Machtmaximierung erfüllen kann; Glück liegt aber nicht nur in einem bestimmten Befriedungszustand, sondern darin, einen möglichst umfassenden und lang anhaltenden Befriedungszustand zu erleben. Durch dieses „fortwährend[e] und rastlos[e] Verlangen nach immer neuer Macht, [das] nur mit dem Tod endet"[22] und mit dem die Menschen die Unberechenbarkeit der Zukunft schmälern wollen, leben die Menschen in einem „Krieg eines jeden gegen jeden"[23], einem *bellum omnium contra omnes* mit ständiger Furcht vor den Mitmenschen[24].

Ferner leben die Menschen in Furcht und Misstrauen, weil sie aufgrund des Fehlens einer staatlichen Gewalt niemals das Gefühl von Sicherheit empfinden können. Diese könne man weder von anderen erwarten noch sich selbst verschaffen, denn die Natur hat, so Hobbes, jedem Menschen neben einer von Natur aus unendlichen und maßlosen Bedürftigkeit ein Recht auf alles [*ius in omnia et omnes*] ohne Einschränkungen gegeben. Das heißt:

> „Jeder kann von seinem natürlichen Recht auf Selbsterhaltung die absolute Freiheit ableiten, soweit es in seinem Kräften steht zu tun, was er will und gegen wen er es will"[25].

Aus diesem Recht aller auf alles folgt faktisch das Herrschen keines Rechts, denn „[e]in Recht auf alles ist als Handlungsregel genauso ineffektiv wie ein Wort, das alles

---

[18] Hobbes: Leviathan, 8, 56.
[19] Hobbes: De Homine, dt.: Vom Menschen, 10, 17; Seitenangaben beziehen sich auf die Ausgabe Gawlick (Hrsg.): Thomas Hobbes: Vom Menschen. Vom Bürger, Hamburg 1959.
[20] „Die Macht eines Menschen besteht [...] in seinen gegenwärtigen Mitteln zur Erlangung eines zukünftigen anscheinenden Guts [...]" (Hobbes: Leviathan, 13, 66).
[21] Das Knappheitsargument ist Ausdruck der Endlichkeit des Menschen und der Welt; auch in rechtsstaatlichen Ordnungen gibt es knappheitsbedingte Konflikte, allerdings entfalten sich die Konflikte dort nicht mit naturwüchsiger Gewalt, sondern werden durch den Staat entschärft und reguliert.
[22] Ebd., 11, 75.
[23] Ebd., 13, 96.
[24] Es scheint hier sinnvoll anzufügen, dass Hobbes den Zustand des Krieges nicht nur bei akuten Kampfhandlungen erfüllt sieht, sondern auch dann, wenn „der Wille zum Kampf genügend bekannt ist" (Vgl. Ebd., 13, 96).
[25] Heger: Die Politik des Thomas Hobbes, Frankfurt, New York, 1981, 34.

10

bedeutet"[26], was wiederum in einem Zustand des Krieges eines jeden gegen jeden mündet – Kriegssituation und das individuelle Recht auf alles bedingen sich also wechselseitig.

Da die Menschen daher ununterbrochen Furcht vor einem gewaltsamen Tod haben müssen, so ist das „menschliche Leben [...] einsam, armselig, ekelhaft, tierisch und kurz"[27]. In einer solchen Lage kann es nach Hobbes auch nicht zu einer Entwicklung von Kultur oder Kunst kommen. „[D]ie zivilisatorische Entwicklung [stagniert]"[28], da alle Kraft und Mittel darauf verwendet werden müssen, sich selbst zu schützen und der Vernichtung durch andere vorzubeugen.

Der Ursprung der Verbindungen zwischen den Menschen ist demnach nicht Wohlwollen, sondern Furcht[29], die daraus resultiert, dass die Menschen in einer natürlichen Gleichheit leben. Diese Gleichheit manifestiert sich darin, dass selbst der Schwächste in der Lage ist, den Stärksten zu töten;[30] auch nimmt Hobbes eine Gleichheit der geistigen Fähigkeiten an.[31] Aus dieser Gleichheit der Fähigkeiten bildet sich bei den Menschen eine Gleichheit der Hoffnung, ihre Absichten und Wünsche erreichen zu können. Streben jedoch mehrere Menschen nach demselben Gegenstand, den sie nicht gemeinsam nutzen können oder wollen, „so werden sie Feinde und sind in Verfolgung ihrer Absicht [...] bestrebt, sich gegenseitig zu vernichten oder zu unterwerfen"[32]. Aufgrund dieses Misstrauens den Mitmenschen gegenüber wird zum eigenen Schutz versucht, so viel Macht wie nur irgend möglich zu erlangen, um so alle anderen Mächte, die groß genug sind, um ihm schaden zu können, zu eliminieren Dies ist aufgrund des Rechts des Menschen auf Selbsterhaltung, des „natürlichen Rechts", das schon Hugo Grotius formuliert hatte, erlaubt:

> „[...], so ist es nicht vernunftwidrig, wenn ein Mensch alles tut, was er vermag, um seinen eigenen Körper [...] vor Tod und Schmerz zu bewahren. Und was nicht gegen die Vernunft ist, nennen die Menschen *Recht*. [...] Daher ist es ein *natürliches Recht*, daß jeder Mensch sein eigenes Leben und seine Glieder mit aller Macht, die ihm zu Gebote steht, erhalten darf."[33]

Außerdem manifestiert sich die angenommene natürliche Gleichheit als Bedrohungssymmetrie, da es somit keine Sieger oder Unterlegen von Natur aus geben kann und eine natürliche Befriedung des Naturzustandes prinzipiell ausgeschlossen ist.

---

[26] Kersting: Die politische Philosophie des Gesellschaftsvertrags, Darmstadt 1994, 75.
[27] Hobbes: Leviathan, 13, 96.
[28] Kersting: Die politische Philosophie des Gesellschaftsvertrags, 65.
[29] Vgl. Hobbes: De Cive, 1, 79.
[30] Vgl. ebd., 1, 80.
[31] Vgl. Hobbes: Leviathan, 13, 94.
[32] Ebd., 13, 95.
[33] Hobbes: Naturrecht und allgemeines Staatsrecht in den Anfangsgründen, hrsg. v. Tönnies, Darmstadt 1976, 97f.

Diese Annahme einer natürlichen Gleichheit bei Hobbes ist ein entscheidender Unterschied zwischen seiner und der aristotelischen Theorie. Aristoteles nimmt ebendiese Gleichheit gerade nicht an, sondern sieht Ungleichheit als naturgegeben an zwischen dem „was mit dem Verstande vorauszuschauen vermag" und dem, „was mit seinem Körper das Vorgesehene auszuführen vermag"[34]. Für Hobbes dagegen ist jede Ungleichheit Folge bürgerlicher Gesetze; daher lautet für ihn das neunte Gesetz der Natur auch: „Jedermann soll den anderen für seinesgleichen von Natur aus ansehen"[35].

Hier ist es unabdingbar zu erwähnen, dass Hobbes mit seinem oft zitierten *homo homini lupus* dem Menschen keine irrational-wölfische Triebnatur unterstellen wollte. Vielmehr weist er darauf hin, dass gerade weil der Mensch Anteil an der Vernunft hat, er im Naturzustand gar nicht anders kann, als seinen Mitmenschen ein Wolf zu sein, um seinem Selbsterhaltungstrieb gerecht zu werden und sich und seine Güter zu schützen[36] - oder, wie Bubner es ausdrückte: „Die *Vernunft* also ist es, die im Naturzustand den Menschen *wilder als ein Tier* macht."[37]

Auch ist es für die Hobbesschen Annahmen der Ruhmsucht, der Konkurrenz und des Misstrauens nicht notwendig, dass alle Menschen von Natur aus böse sind, denn

> „wenn es auch weniger böse als gute Menschen gäbe, so kann man doch die Guten von den Bösen nicht unterscheiden, und deshalb müssen auch die Guten und Bescheidenen fortwährend Misstrauen hegen, sich vorsehen, anderen zuvorkommen, sie unterjochen und auf alle Weise sich verteidigen."[38]

Letztlich bleibt zu bemerken, dass der Naturzustand nicht als eine historische Vorstufe des staatlichen Lebens der Menschen zu sehen ist. Er wird vielmehr genutzt als logische Annahme, welche die Entstehung und das Funktionieren eines Staates erklären soll, also als Ausgangspunkt einer rationalen Entstehungsgeschichte des Staates. Der Kontraktualismus ist also

> „keine deskriptive Theorie, die Erklärungen für wirkliche Abläufe gibt, sondern eine normative Theorie, die eine Begründung politischer Herrschaft entwickelt und die Kompetenzgrenzen staatlicher Herrschaftsausübung abzustecken versucht."[39]

---

[34] Aristoteles: Politik, 1252a 31f.

[35] Hobbes: Leviathan, 15, 118.

[36] Die These, dass Menschen sich zueinander wie wilde Tiere verhalten, ist keine Hobbessche Neuentwicklung, sondern vielmehr eine alte Metapher, die von Hesiod über den Vorsokratiker Kritias bis hin zu Platon und Epikur vielfach vertreten wurde. Vgl. hierzu Klenner: Des Thomas Hobbes bellum omnium contra omnes, in: Emons (Hrsg.): Sitzungsberichte der Akademie der Wissenschaften der DDR, Gesellschaftswissenschaften, Jahrgang 1989, Nr. 6, IV.

[37] Bubner: Polis und Staat, 134.

[38] Hobbes: De Cive, Vorwort an die Leser, 69.

[39] Nohlen u. a. (Hrsg.): Lexikon der Politik, Bd. 1: Politische Theorien, München 1995, 681.

12

Allerdings sieht Hobbes Beispiele für seine Hypothese des Naturzustandes bei den „wilden Völkern verschiedener Gebiete Amerikas"[40] oder eben auch im englischen Bürgerkrieg seiner Zeit, denn

„man kann die Lebensweise die dort, wo keine allgemeine Gewalt zu fürchten ist, herrschen würde, aus der Lebensweise ersehen, in die solche Menschen, die früher unter einer friedlichen Regierung gelebt hatten, in einem Bürgerkrieg abzusinken pflegen."[41]

Dadurch, dass der Naturzustand nicht als überwundene Etappe der Geschichte der Menschheit, sondern vielmehr als Alternative zu dem durch die Macht des Souveräns gesicherten Gesellschaftszustand dargestellt wird, kann Hobbes „den Rückfall in den Naturzustand [...] als stets präsente Drohung [...] aufrechterhalten."[42]

4. 2. Gesellschaftsvertrag

Aufgrund des instabilen und lebensbedrohenden Zustandes eines jeden Menschen im Naturzustand hält der Mensch es für ratsam, aus diesem Zustand herauszutreten, auf sein natürliches Recht zum Selbsterhalt zu verzichten[43] und durch den legitimatorischen Akt des Vertrags den Staat, quasi die Negation des Naturzustandes, zu konstruieren.[44] Zu zeigen, dass zur Verwirklichung des Zustands des Friedens die Unterwerfung unter eine höchste politische Zwangsgewalt notwendig ist, ist das zentrale Anliegen von Hobbes' politischer Wissenschaft.[45]

Allerdings würde man Hobbes falsch verstehen, dächte man, dass er tatsächlich annahm, der Vertrag würde formuliert oder gar schriftlich fixiert. Auch er wird – wie der Naturzustand – nur als notwendige Fiktion angesehen, die nach Hobbes die unbedingte Gehorsamsverpflichtung der einzelnen Individuen gegenüber der staatlichen Herrschers abzuleiten erlaubt.

Es scheint zweckmäßig, in aller Kürze auf den allgemeinen Begriff des Vertrags einzugehen.[46] Ein Vertrag allgemein ist ein mehrseitiges Rechtsgeschäft, durch das einvernehmliche Rechtsfolgen hervorgebracht werden. Er hat rechtsschöpferische Bedeutung, verändert die rechtliche Position der Vertragspartner und die zwischen ihnen

---

[40] Hobbes: Leviathan, 13, 97.
[41] Ebd., 13, 97.
[42] Münkler: Thomas Hobbes, 97.
[43] Außer in Situationen, von denen die unmittelbare Gefahr für Leid und Leben des Menschen ausgeht; darauf wird im weiteren Verlauf dieser Arbeit noch einzugehen sein.
[44] Hobbes sieht den Staat demnach als eine Konsequenz des Gesellschaftsvertrages an; Aristoteles hingehen ist der Ansicht, der Staat sei ursprünglicher als der Mensch und gehe diesem voraus.
[45] Vgl. Heger: Die Politik des Thomas Hobbes, 7.
[46] Zum Folgenden vgl. Kersting: Die politische Philosophie des Gesellschaftsvertrags, 19f.

bestehenden rechtlichen Beziehungen und ist ein Instrument zur privaten und gesetzesunabhängigen Gestaltung der rechtlichen Verhältnisse in einer Gesellschaft.

Bindende normative Kraft haben Verträge nur auf die vertragsschließenden Individuen; Verträge zu Lasten Dritter sind nicht möglich.

Für Hobbes ist es zwingend, dass der Vertragsschluss mit der Einsetzung eines Herrschers einhergeht. Theoretisch muss jedoch auch die Möglichkeit bedacht werden, dass die Menschen im Naturzustand ein Bündnis eingehen könnten, um Angriffe äußerer Feinde abzuwehren, ohne dies zugleich mit der Einsetzung eines Souveräns zu verbinden. Allerdings ist, so Hobbes, der Zweck, die Sicherheit vor Angriffen gemeinsamer Feinde oder auch vor den Angriffen von Bundesgenossen, so nicht zu erreichen, da aufgrund der Interessensgegensätze der Bündnispartner keine dauerhafte Einigung darüber, wie das gemeinsame Wohl am besten zu realisieren sei, erzielt werden kann:

> „Die bloße Übereinstimmung oder das Übereinkommen zu einer Verbindung ohne Begründung einer gemeinsamen *Macht*, welche die einzelnen durch Furcht vor Strafe leitet, genügt daher nicht für die Sicherheit [...]."[47]

Außerdem seien Verträge ohne eine Macht, die deren Einhaltung garantiert, nicht verlässlich, denn „Verträge ohne das Schwert sind bloße Worte."[48]

Wie aber sonst kann der Friede hergestellt werden, den die Menschen aufgrund ihrer Einsicht in die ununterbrochene existenzielle Bedrohung ihrer selbst als höchstes Gut ansehen?

Hobbes sieht die einzig praktikable Lösung darin, dass jeder Mensch auf sein oben schon erwähntes Recht auf alles verzichtet. Dies gilt allerdings nur unter der Voraussetzung, dass alle anderen dazu ebenso bereit sind, denn „ohne gegenseitige Annahme gibt es keinen Vertrag"[49], da sonst ein Rechtsverzicht hieße, „sich selbst als Beute dar[zu]bieten"[50].

Dem von Hobbes als erstes Gesetz der Natur[51] formulierten: „Suche Frieden und halte ihn ein"[52] folgt das zweite Gesetz der Natur:

> „Jedermann soll freiwillig [...] auf sein Recht auf alles verzichten, soweit er dies um des Friedens und der Selbstverteidigung willen für notwendig hält, und er soll

---

[47] Hobbes: De Cive, 5, 127.
[48] Hobbes: Leviathan, 17, 131.
[49] Ebd., 14, 105.
[50] Ebd., 14, 100.
[51] „Das natürliche Gesetz ist [...] das Gebot der rechten Vernunft in betreff dessen, was zu einer möglichst langen Erhaltung des Lebens und der Glieder zu tun und zu lassen ist." – Hobbes: De Cive, 2, 87; ferner bezeichnet Hobbes das natürliche Gesetz als „Gesetz Gottes" (Vgl. hierzu Hobbes: De Cive, 4, 114ff).
[52] Hobbes: Leviathan, 14, 100; vgl. auch Hobbes: De Cive, 1, 85.: „denn es ist ein Gebot der rechten Vernunft, den Frieden zu suchen."

sich mit soviel Freiheit gegenüber anderen zufrieden geben, wie er anderen gegen sich selbst einräumen würde."[53]

Durch das zweite *natürliche* Gesetz wird auf das *natürliche* Recht[54] auf alles verzichtet und so die Grundlage *künstlicher* Errichtung bindender Gesetze geschaffen. Wird kein Souverän eingesetzt, so werden die natürlichen Gesetze verletzt, sooft jemand einen Vorteil darin sieht, denn „die natürlichen Gesetze sind unseren Neigungen entgegengesetzt"[55].

Ein Recht gibt man ab, indem man ihm entweder entsagt oder aber es auf einen anderen überträgt; übertragen wird das Recht dadurch, dass

> „man durch ein oder mehrere entsprechende Zeichen seinen Willen dem anderen gegenüber, der dieses Recht annehmen will, dahin erklärt, daß es nicht länger erlaubt sein solle, sich ihm zu widersetzen, wenn er etwas tut, dem man sich vorher hätte mit Recht widersetzen können."[56]

Erwähnenswert scheint weiterhin, dass diese ‚Übertragung des Rechts' auf den Souverän keine wirkliche Übertragung ist, da niemandem ein Recht übertragen wird, das dieser nicht vorher ohnehin schon besessen hätte.[57] Vielmehr handelt es sich um einen Verzicht auf das Recht zum Widerstand gegenüber demjenigen, dem das Recht ‚übertragen' wird. Der Vertrag gewinnt sein absolutes Herrschaftsrecht also aus der Summe der individuellen Souveränitätsverzichte.[58]

Zwar gibt es bei Hobbes daher kein Recht auf Widerstand, dennoch sind Verträge, die das Recht auf Selbsterhaltung in Gefahrensituationen einschränken oder gar abschaffen wollen, nichtig, da „das Vermeiden dieser Gefahren […] nämlich der einzige Zweck jeden Rechtsverzichts [ist]"[59]. Sobald der Souverän für die Sicherung des Friedens nicht mehr garantieren kann, sind die Untertanen ihm gegenüber nicht mehr zu Gehorsam verpflichtet.[60]

---

[53] Ebd., 14, 100.
[54] Hobbes legt großen Wert auf die Unterscheidung von Recht und Gesetz, denn „diese Begriffe [sollten] doch auseinandergehalten werden." Das „*Recht* besteht in der Freiheit, etwas zu tun oder zu unterlassen, während ein *Gesetz* dazu bestimmt und verpflichtet, etwas zu tun oder zu unterlassen" (Ebd., 14, 99).
[55] Hespe: Die Erschaffung des *Leviathan* in: Hüning (Hrsg.): Der lange Schatten des Leviathan. Hobbes' politische Philosophie nach 350 Jahren, Berlin 2005, 203.
[56] Hobbes: De Cive, 2, 88.
[57] Vgl. Hobbes: Leviathan, 14, 100 oder auch Hobbes: De Cive, 2, 88.
[58] Würde nur allgemein auf das Recht verzichtet und es keinem Dritten übertragen werden, entstände ein „Vakuum aus allseitiger Rechtsaufgabe". Vgl. Bubner: Polis und Staat, 136.
[59] Hobbes: Leviathan, 14, 107.
[60] Vgl. ebd., 21, 171.

Die Übertragung des Rechts muss sich laut Hobbes, wenn sie in Worten vonstatten geht, klar auf die Vergangenheit oder die Gegenwart beziehen, nicht aber auf die Zukunft, denn „bezeichnen sie [die Worte, Anm. d. Verf.] etwas Zukünftiges, so übertragen sie nichts."[61] Kommt der Vertrag zu Stande, wird die vertragsschließende Menge zu einer staatlichen Einheit, die Ausdruck eines Gesamtwillens ist, indem sich alle Individuen einer vertragsunabhängigen Instanz unterwerfen; sie autorisieren diese Instanz, in ihrem Namen zu handeln und ihr Handeln als das ihnen eigene anzuerkennen[62]; es ist,

> „als hätte jeder zu jedem gesagt: *Ich autorisiere diesen Menschen oder diese Versammlung von Menschen und übertrage ihnen mein Recht, mich zu regieren, unter der Bedingung, daß du ihnen ebenso dein Recht überträgst und alle ihre Handlungen autorisierst.*"[63]

Eingesetzt wird der Leviathan durch die Übereinkunft der Menschen und den Vertrag. Darin ähnelt er dem göttlichen „Fiat" bzw. „Laßt uns Menschen machen."[64] Durch diese unmissverständliche Schöpfungsanalogie soll deutlich werden, dass der Staatsformation nichts vorausgeht, was ihr gleichen könne. Im Vertrag und dem gleichzeitig erfolgenden Einsetzen des Souveräns allerdings eine Analogie zum alttestamentarischen Bundesschluss zu sehen, wie in der Hobbes-Forschung oft geschehen[65], scheint etwas zu weit gegriffen gewagt und nicht vollständig belegbar. Der durch den Vertrag als Souverän eingesetzte Leviathan ist aber kein Vertragspartner, sondern verbleibt außerhalb des Vertrages. Er wird eingesetzt von den freien und gleichen Individuen, die sich in einem Akt der Selbstentmündigung zu seinen Untertanen machen – zum Zwecke ihres eigenen Schutzes, oder besser: zum Zweck des Schutzes vor sich selbst. Daher können dem Souverän auch keine rechtlichen Bindungen aus dem Vertrag erwachsen; ihm gegenüber sind die Individuen ferner auch nicht verpflichtet, sondern lediglich ihren Vertragspartnern gegenüber, den anderen Menschen.

---

[61] Hobbes: De Cive, 2, 89.
[62] Der Vertrag ist nur insofern Grund der Vergesellschaftung der Menschen, als er gleichzeitig die Grundlage der Einsetzung eines Herrschers bildet. Im Vertrag wird aber nicht nur Rechtsverzicht zugunsten des Souveräns geleistet, sondern auch der Herrscher *autorisiert*, denn ein ausschließlicher Rechtsverzicht könnte dazu führen, dass der verbliebene ‚Wolf unter den Menschen' nur als Privatmann versucht, seine Interessen zu erfüllen. Erst durch die Autorisierungsformel wird der Vertrag zum Herrschaftsbegründungsvertrag; erst dadurch wandelt sich der ‚übrig gebliebene Wolf' in den Leviathan.
[63] Hobbes: Leviathan, 17, 134.
[64] Ebd., Einleitung, 5.
[65] Wie beispielsweise geschehen in Kodalle: Thomas Hobbes – Logik der Herrschaft und Vernunft des Friedens, München 1972.

Ein weiteres natürliches Gesetz[66] lautet: *„Abgeschlossene Verträge sind zu halten"*[67], denn man „muß [...] entweder allen Menschen Wort halten oder keinen Vertag mit ihnen schließen, d. h. man muß entweder den Krieg erklären oder den Frieden sicher und getreu halten"[68], da der Vertragsbruch Unrecht ist.

Wichtig ist auch, dass Hobbes' Vertrag ein Herrschaftsbegründungsvertrag, kein Herrschaftsbegrenzungsvertrag ist – dieses Vertragskonzept steht in der Geschichte des Kontraktualismus weitestgehend allein da. Er will keine normativen Prinzipien staatlicher Macht begründen, sondern nur eine Herrschaftslegitimierung - und nicht etwa eine Herrschaftslimitierung, denn die Individuen behalten keinerlei Rechte zurück, die eine Grenze staatlicher Wirksamkeit bilden könnten.

Der Vertrag an sich ist „Herrschaftsvertrag und Gesellschaftsvertrag uno actu"[69]; er ist als Begünstigungsvertrag, als „Vertrag aller mit allen zugunsten eines Dritten"[70] konstruiert.[71] Die so entstandene, nun rechtlich zu einer Person vereinigte Menge nennt man Staat [*civitas*].

Der geschlossene Vertrag ist ausdrücklich kein Herrschaftsvertrag, weil bei diesem – unter Berufung auf tatsächliche oder angebliche Vertragsbrüche des Souveräns – der Gehorsam aufgekündigt werden kann, was wieder in den Naturzustand zurückführen würde.

Hobbes betont nachdrücklich, dass der Staat als Vereinigung einer Menge nur dadurch als eine Person gilt, dass er durch den Willen des ihn repräsentierenden Souveräns *einen* Willen hat. Hierbei stellt sich jedoch die Frage, wie der Wille des Souveräns für den Willen aller gelten kann. Der Souverän erhält durch den Rechtsverzicht zwar das Recht, über die Kräfte aller zur Friedenssicherung nach seinem Willen zu verfügen, aber durch den Gehorsam, den die Menschen dem Souverän versprechen, wird dessen Wille ja nicht automatisch zu ihrem Willen und der Souverän nicht zur moralischen Person, die den Willen aller Untertanen verkörpert.[72]

Mit dem Konstitutionsvertrag sind die wesentlichen politischen und rechtlichen Strukturmomente des Staates festgelegt. Allerdings enthält er bisher nur das Schema der

---

[66] Für Hobbes gibt es eine Vielzahl natürlicher Gesetze, die er als „unveränderlich und ewig" ansieht. Sie sollen beispielsweise „Undankbarkeit, Anmaßung, Hochmut, Unbilligkeit, Begünstigung" vorbeugen (Vgl. Hobbes: Leviathan, 15, 110ff).
[67] Ebd., 15, 10.
[68] Hobbes: De Cive, 2, 98.
[69] Kersting: Vertrag – Gesellschaftsvertrag – Herrschaftsvertrag in Brunner u. a. (Hrsg.): Geschichtliche Grundbegriffe. Historisches Lexikon zur politisch-sozialen Sprache in Deutschland. Bd. 6, Stuttgart 1990, 921.
[70] Hespe: Die Erschaffung des *Leviathan* in: Hüning (Hrsg.): Der lange Schatten des Leviathan, S.205.
[71] Diese Vertragstheorie, so vermutet Hespe, ist Hobbes' Antwort auf eine auf den ständischen Herrschaftsvertrag gegründete Staatsrechtslehre. Vgl. ebd., 206.
[72] Aus dem Fehlen des Rechts, sich dem Souverän zu widersetzen, folgt nach Meinung der Verfasserin dieser Arbeit noch nicht, dass der Souverän wirklich in ihrem Willen handelt.

Souveränität, das eine konkrete Ausfüllung bedarf, um die Menschen aus dem Naturzustand in den Gesellschaftszustand zu überführen. Hierzu gibt es nach Hobbes zwei Wege: Der erste ist der des despotischen oder väterlichen Staates, bei dem der Herrscher die Untertanen erwirbt, da er sie vernichten kann, wenn sie die Unterwerfung verweigern, der zweite ist der Weg, bei dem die Menschen durch ihren Willen einen Herrn über sich setzen, der die höchste Gewalt hat. Der erste Weg kann „Staat durch Aneignung", der zweite „politischer Staat" oder „Staat durch Einsetzung" genannt werden.[73]

Der Unterschied der Entstehung der beiden Staatsformen liegt nach Hobbes nur darin, dass die Menschen beim „Staat durch Einsetzung" im Gegensatz zum „Staat durch Aneignung" ihren Souverän „aus Furcht voreinander [wählen] und nicht aus Furcht vor demjenigen, den sie einsetzen. In beiden Fällen handeln sie aus Furcht."[74] Daher ist es für Hobbes auch unwahr, dass Verträge, die aus Furcht vor Tod oder Gewalt geschlossen werden, ungültig sind, denn „wäre dies richtig, so könnte niemand, in keiner Staatsform, zu Gehorsam verpflichtet werden."[75]

Die Rechte und Folgen der Souveränität sind jedoch in beiden Fällen die gleichen. Welche dies sind, wird unter Punkt 4.3. noch zu erörtern sein.

Abschließend bleibt zu sagen, dass die Überwindung des Naturzustandes auf einer genuin menschlichen Sprach- und Vernunftleistung beruht: der Institutionalisierung staatlicher Herrschaft durch den Vertrag. Daraus folgt, dass staatliche Herrschaft in diesem Sinne als rein menschliche Kunstleistung zur Sicherung von Frieden und Recht zu verstehen ist.[76] Durch diesen artifiziellen Akt entsteht das als Rechtssubjekt erzeugte Volk.

Hobbes entdeckt folglich die Sprache als natürliche menschliche Quelle von Verbindlichkeit, denn der Vertrag ist „eine Willenserklärung, deren Verbindlichkeit ihre einzige Grundlage darin hat, daß bestimmte Formen von Sprechhandlungen als Akte der Selbstverpflichtung angesehen werden."[77]

4.3. Gesellschaftszustand

So lange ein Mensch keine Sicherheit gegen Überfälle anderer hat, bleibt das natürliche Recht unberührt, und Sicherheit kann nur dann gewährleistet werden, wenn die Einzelnen „ihren Willen dem Willen eines einzelnen, d. h. *eines* Menschen oder *einer* Versammlung

---

[73] Vgl. Hobbes: Leviathan, 17, 135.
[74] Ebd., 20, 155.
[75] Ebd., 20, 155.
[76] Aus dem Ziel des Vertrags, der Friedenssicherung, geht auch die Unteilbarkeit der Souveränität, also die Einheit von Legislative, Judikative und Exekutive hervor. Vgl. Chwaszcza: Thomas Hobbes, in: Mainer u. a. (Hrsg.): Klassiker des politischen Denkens, Bd. 1. Von Plato bis Hobbes, München 2001, 223.
[77] Ebd., 220.

[...] unterwerfen"[78]. Daher bedarf es einer Vertragsgarantiemacht, einer unwiderstehlichen Gewalt, die den Vertrag gegen jedermann durchzusetzen vermag. Diese Vertragsmacht ist der politische Körper, zu dem die Menge durch den gegenseitigen Rechtsverzicht wird, der durch den Souverän beseelt wird, denn nach Hobbes ist die Souveränität die „künstliche Seele [...], die dem ganzen Körper Leben und Bewegung gibt"[79]. Dieser Körper ist der Leviathan. Er ist der eingesetzte Souverän, der mit der Stärke und der vereinigten Macht aller ausgestattet ist. Zum einen ist er der Einzige, der sein natürliches Recht auf alles, sein *ius in omnia et omnes* weiterhin uneingeschränkt realisieren kann, zum anderen die Verkörperung der Einheit aller.[80] Sein Zweck und Ziel ist die Sicherung des Friedens.[81] Dazu muss er die absolute Macht innehaben; genauso wie seine Macht muss auch „die Ehre des Souveräns größer sein als die jedes Untertanen oder aller Untertanen zusammen."[82]

Die Rechte des Souveräns bleiben unberührt davon, ob der Staat durch Einsetzung oder durch Aneignung zustande kam. Es sind dies beispielsweise folgende[83]: Die Gewalt des Souveräns kann nicht ohne seine Zustimmung auf andere übertragen werden, er kann sie nicht verwirken und er kann keinem seiner Untertanen Unrecht antun, da jeder Untertan durch die Einsetzung des Souveräns „Autor aller Handlungen und Urteile des eingesetzten Souveräns ist". Er ist ihnen gegenüber weiterhin auch keinerlei Rechenschaft schuldig und aufgrund seiner Entstehungsbedingungen unfehlbar. Daraus folgt, dass kein Souverän von seinen Untertanen für irgendeine Handlung bestraft oder gar hingerichtet werden kann. Weitere Rechte des Souveräns sind: das Eigentumsrecht zu regeln, Rechtssprechung zu üben, die freie Auswahl der Minister und obrigkeitlichen Personen, das Recht der „Kriegserklärung und des Friedensschlusses gegenüber anderen Nationen" und damit der Oberbefehl über das Militär, das Recht auf Belohnung und Bestrafung der Untertanen, die Verleihung von Ehrentiteln oder auch das Recht auf freie Verfügung „über die Mittel zum Frieden und zur Verteidigung sowie über das [...], was diese hindert und stört". Hieraus ergibt sich, dass der Souverän entscheiden kann, „welche Meinungen und Lehren dem Frieden abträglich sind" und demnach nicht gelehrt werden dürfen. Somit ist auch schon die Herrschaft des Souveräns über die Kirche und die Religion festgelegt, denn die Kirche,

---

[78] Hobbes: De Cive, 5, 128.
[79] Hobbes: Leviathan, Einleitung, 5.
[80] Interessant ist, dass hier eine leichte Analogie zu Platons Vorstellung des Staates als „großen Menschen" anklingt. Gerade in der Kritik hieran definiert Aristoteles den Staat als eine aus Einzelhaushalten und Dörfern zusammengesetzte Gemeinschaft.
[81] Dagegen stellt Aristoteles die These: „Ziel des Staates ist [...] das edle Leben" (Aristoteles: Politik, 1280b 39).
[82] Hobbes: Leviathan, 18, 143.
[83] Das Folgende vgl. ebd., 18, 137ff.

die als überstaatliche Organisation indirekt Gewalt ausüben könnte, muss auch in der Hand des Souveräns liegen, der als deren oberster Priester sowohl Zeiten für Gottesdienste als auch Kulte und Glaubensinhalte festlegt. Hobbes geht sogar so weit, dass er den „wahren Glauben" als den Glauben an die vom Staat eingesetzte Religion definiert; Abweichungen hiervon sind per definitionem als Aberglaube einzuordnen, denn „da ein Staat nur *eine* Person darstellt, darf er auch Gott nur auf *eine* Art verehren."[84] Außerdem ist „Religion […] nicht Philosophie, sondern in jedem Staate Gesetz; und darum ist sie nicht zu erörtern, sondern zu erfüllen."[85]

All die genannten Rechte sind unübertragbar und so untrennbar mit dem Souverän verbunden, womit von vornherein jegliche Gewaltenteilung ausgeschlossen wird; andere wie das Marktrecht und das Münzschlagen können übertragen werden.

Zu den Aufgaben des Souveräns[86] ist zu sagen, dass er zwar nicht durch den Vertrag gebunden ist, da er kein Vertragspartner war, allerdings ist er gebunden „durch den Zweck, dem er seine Entstehung verdankt, dem Zweck der Herstellung und Sicherung der Bedingungen eines friedlichen […] Lebens"[87], also innenpolitischer Friede und außenpolitische Verteidigung. Er muss die eben aufgeführten Rechte in ihrer Gesamtheit erhalten und es ist Verletzung „seiner Pflicht, erstens, sie auf andere zu übertragen oder eines dieser Recht niederzulegen", denn „wer die Mittel aufgibt, gibt auch das Ziel auf"[88].

Es ist darüber hinaus die Pflicht des Souveräns, das Volk über die Ursachen und Gründe dieser Rechte aufzuklären und eine falsche Unterrichtung des Volkes im Allgemeinen zu verhindern, da aus den Meinungen des Volkes Handlungen hervorgehen können und daher dem Frieden zuwiderlaufende Lehren unterdrückt werden müssen. Beispielsweise soll der Herrscher lehren, dass Regierungsformen der Nachbarn nicht besser als die eigene sind, dass der Gehorsam und die Ehre, die nur dem Souverän gebühren, keinem anderen zukommen dürfen, dass nicht schlecht vom Souverän gesprochen werden soll usw.

Ferner sieht es Hobbes als Aufgaben des Souveräns an, Gerechtigkeit zu lehren, alle Schichten des Volkes gleich zu behandeln, für eine gleichmäßige Besteuerung zu sorgen, Strafen und Belohnungen richtig anzuwenden und gute Gesetze[89] zu erlassen, wobei die

---

[84] Ebd., 31, S.279.
[85] Hobbes: De Homine, 14, 44.
[86] Das Folgende vgl. Hobbes: Leviathan, 30.
[87] Kersting: Die politische Philosophie des Gesellschaftsvertrags, 97.
[88] Hobbes: Leviathan, 30, 255.
[89] „Ein gutes Gesetz muß zum *Wohl des Volkes* nötig und zudem *eindeutig* sein" (Hobbes: Leviathan, 30, 264).

Gesetze ausdrücklich nicht durch eine objektive Wahrheit, sondern durch den Souverän geschaffen werden: „Auctoritas non veritas facit legem"[90].

Der absolute Souverän vereinigt in seiner Person geistige und weltliche Macht; er hat ein uneingeschränktes Definitions- und Regelungsmonopol. Die Freiheit[91] der Untertanen erstreckt sich nur auf die Bereiche, die sich der souveränen Gesetzgebung entziehen oder die nicht vom Staat reglementiert sind.[92] Hier nennt Hobbes die Beispiele der „Freiheit des Kaufs und Verkaufs oder anderer gegenseitiger Verträge, der Wahl der eigenen Wohnung, der eignen Ernährung, des eigenen Berufs, der Kindererziehung, die sie für geeignet halten, und dergleichen mehr."[93]

Ein Widerstandsrecht gibt es bei Hobbes nicht; bestand doch die Einsetzung des Souveräns gerade darin, dass alle auf ihr Widerstandsrecht zugunsten eines Dritten, des Souveräns, verzichteten, denn

> „jeder einzelne Bürger [hat] all seine Kraft und Macht auf jenen Menschen oder jene Versammlung übertragen [...]. Dies kann, weil niemand seine Kraft in wörtlichem Sinn auf andere übertragen kann, nur dadurch geschehen, daß jeder sein Recht des Widerstandes aufgegeben hat."[94]

Das Recht des einzelnen Bürgers, sich in Situationen offensichtlicher Lebensgefahr selbst verteidigen zu dürfen, kann jedoch durch keine Regelung des Souveräns außer Kraft gesetzt werden, da „niemand das Recht aufgeben [kann], denen Widerstand zu leisten, die ihn mit Gewalt angreifen, um ihm das Leben zu nehmen"[95], denn „[d]er sichere Tod ist ein größeres Übel als der Kampf. Allein von zwei Übeln das kleinere nicht zu wählen, ist unmöglich."[96] Außerdem wurde der Staat ja gerade dazu gegründet, dass der Mensch ein Leben in Sicherheit führen kann, weshalb es widersinnig wäre, dem Souverän nun das Recht über das eigene Leben zu übertragen.[97]

---

[90] Ebd., 26.
[91] Zum Begriff der Freiheit vgl. ebd., 21. Auch im Freiheitsbegriff grenzt sich Hobbes klar von Aristoteles ab. Während Aristoteles Freiheit als Freiheit von Arbeit und der Notwendigkeit, sich mit dem Überleben beschäftigen zu müssen, ansah, um sich so den Freiraum für Selbstentwicklung und Selbstvollkommnung zu schaffen, ist für Hobbes unter dem Begriff die bloße Bewegungsfreiheit zu verstehen, für ihn ist Freiheit „die Abwesenheit äußerer Hindernisse" (Ebd., 14, 99).
[92] Auch hier zeigt sich wieder ein Unterschied zwischen der Hobbesschen und der aristotelischen Theorie, denn während Hobbes den Bürger in seiner Theorie als völlig abhängig, untergeben und regierungsunbeteiligt zeigt, betont Aristoteles ausdrücklich: „Der Staatsbürger schlechthin lässt sich nun durch nichts anderes genauer bestimmen als dadurch, daß er am Gerichte und an der Regierung teilnimmt" (Aristoteles: Politik, 1275a 22ff).
[93] Hobbes: Leviathan, 21, 165.
[94] Hobbes: De Cive, 5, 129.
[95] Hobbes: Leviathan, 14, 101.
[96] Hobbes: De Cive, 2, 95.
[97] Diese Möglichkeit des Widerstandes beinhaltet allerdings nur die eigene Selbsterhaltung, nicht die Verteidigung der Freiheit anderer.

Auch muss kein Mensch auf Anweisung des Souveräns Selbstmord begehen, sich selbst verletzten oder auf Nahrung, Luft oder Arznei verzichten.[98] Daraus leitet Hobbes auch das Recht auf Kriegsdienstverweigerung in vielen Fällen ab, wenn man beispielsweise einen Ersatzsoldaten stellen kann. Ebenfalls ist Desertion aus Feigheit möglich, es sein denn, man nimmt als eingeschriebener Soldat Geld für seine Dienste oder aber „die Verteidigung des Staates plötzlich die Hälfte aller Waffenfähigen fordert."[99]

Ferner haben die Untertanen die Freiheit, auf Selbstanklagen verzichten zu können und bei Streitigkeiten mit dem Souverän über Eigentum, Dienstleistungen oder Geldstrafen ihr Recht einzuklagen, als wäre der Souverän ein anderer Untertan.[100] Des Weiteren ist der Untertan, der in die Hand des Feindes gelangte, berechtigt, seine Loyalität dem Souverän gegenüber aufzugeben und sich dem Feind zu unterwerfen, wenn er so sein Leben retten kann

Alle diese Freiheiten der Untertanen gelten allerdings nur, so lange diese Zugeständnisse an Selbstständigkeit seitens des Souveräns nicht die Sicherheit und den Frieden der Gesellschaft bedrohen. Tun sie es doch, sind die Freiheiten nichtig, es sei denn, der Souverän gibt seine Souveränität auf – damit allerdings würde der Staat ohnehin zerfallen. Seitens der Untertanen ist der Vertrag nicht kündbar. Da der Souverän nicht als Vertragspartner auftritt, „kann sich keiner seiner Untertanen von seiner Unterwerfung befreien, indem er sich auf Verwirkung beruft."[101] Die Verpflichtung, dem Souverän zu gehorchen, endet allerdings, wenn der Souverän nicht mehr in der Lage ist, den Friedenszustand weiterhin zu garantieren und seiner Schutzverpflichtung nicht mehr nachkommen kann oder will. Dann verliert der Vertrag seine bindende Kraft und die Gesellschaft sinkt in den Naturzustand zurück.

Wie bereits erwähnt, hängt kirchliche Gewalt von der staatlichen Gewalt ab, was erstens dazu führt, dass jede kirchliche Versammlung vom Souverän genehmigt werden muss und zweitens dazu, dass es keine allgemeine Kirche auf der Welt gibt, da kein Weltstaat existiert. Der Herrscher über Religion und Politik

> „muß *eine* Person sein oder aber es ergeben sich im Staat notwendig Hader und Bürgerkrieg, und zwar zwischen *Kirche* und *Staat*, zwischen *Spiritualisten* und *Temporalisten*, zwischen dem *Schwert der Gerechtigkeit* und dem *Schild des Glaubens* und, was mehr ist, in der eigenen Brust eines jeden Christen zwischen dem *Christen* und dem *Menschen*."[102]

---

[98] Vgl. Hobbes: Leviathan, 21, 168.
[99] Ebd., 21, 169.
[100] Vgl. ebd., 21, 170.
[101] Ebd., 18, 137.
[102] Ebd., 39, 357f.

Gerade für Hobbes' Zeit ist noch die Frage nach der Möglichkeit religiös motivierten Widerstandes relevant. Hobbes erkennt durchaus an, dass Gott mehr zu gehorchen ist als den Menschen.[103] Daher müssen Befehle, die Gottesverehrung verbieten oder die Beleidigung Gottes fordern, nicht befolgt werden; auch die Verehrung des Souveräns mit göttlichen Ehren ist nicht gestattet.[104] Problematisch wird es vor allem dann, wenn der Souverän ein Ungläubiger ist und dem Untertan befiehlt, Sünden zu begehen. Der Untertan muss nach Hobbes zwar gehorchen, jedoch ist dies „nicht seine Handlung, sondern die seines Souveräns."[105] Wie das mit der Aussage Hobbes', sämtliche Handlungen des Souveräns seien von den Untertanen als eigene anzuerkennen, zu vereinen ist, bleibt eine nach Meinung der Verfasserin unzureichend geklärte Frage.[106]

Zu bemerken ist noch, dass Moral und Religion im Äußeren sich zwar strikt der Politik unterzuordnen haben, was seine Untertanen jedoch innerlich denken und glauben, liegt außerhalb des Regelungsmonopols des Souveräns. Er ist allein für die definitorische Festlegung von Recht und Unrecht zuständig. Nach welchen moralischen Mustern die Menschen innerlich geformt sind zu bestimmen, ist nicht seine Aufgabe – „[d]er Leviathan ist kein Erziehungsstaat"[107]. Genau hier setzt beispielsweise die Kritik Schmitts an, der diese nicht reglementierte innere *fides* als verhängnisvoll werdende „Einbruchsstelle" der Zersetzung des Staates bezeichnet hat.[108]

Auch infolge einiger anderer Mängel kann der Staat als schwach und unbeständig angesehen werden[109]. Beispielsweise ist das der Fall, wenn ein Souverän weniger Macht hat, als eigentlich zur Verteidigung und zur Friedenserhaltung in der Gesellschaft notwendig ist. Ebenfalls schwächt es den Staat, wenn die Untertanen nicht anerkennen, dass der Maßstab für Gut und Böse nicht mehr, wie noch im Naturzustand, bei ihnen selbst, sondern nunmehr beim Souverän liegt. Hieraus folgen den Staat in Verwirrung bringende Diskussionen und eventuelle Verweigerungen staatlicher Befehle, was den Staat schwächt. Die selbe Wirkung hat es, wenn die Menschen davon ausgehen, der Souverän habe sich ebenfalls nach den von ihm erlassenen Gesetze zu richten oder habe keine Möglichkeit, auf ihr Eigentum zuzugreifen, denn beides ist falsch. Ebenfalls schwächt nach

---

[103] Vgl. ebd., 31.

[104] Allerdings schränkt Hobbes das Recht auf religiös motivierten Widerstand im „Behemoth" wiederum sehr stark ein, da die Menschen das Gesetz Gottes hierzu schon sehr genau kennen müssten, um ihm mehr zu gehorchen als den Menschen. Vgl. hierzu Palaver: Politik und Religion bei Thomas Hobbes eine Kritik aus der Sicht der Theorie René Girards, Innsbruck, Wien 1991, 32, Fußnote 51.

[105] Hobbes: Leviathan, 42, 381.

[106] Zu dieser Problematik vgl. Palaver: Politik und Religion bei Thomas Hobbes, 33, Fußnote 56.

[107] Kersting: Die politische Philosophie des Gesellschaftsvertrags, 99.

[108] Vgl. Schmitt: Der Leviathan in der Staatslehre des Thomas Hobbes. Sinn und Fehlschlag eines politischen Symbols, Hamburg 1938, 85f.

[109] Das Folgende vgl. Hobbes: Leviathan, 29, 245ff.

Hobbes Meinung die Gewaltenteilung den Staat ganz erheblich[110], wie selbstverständlich auch die Rebellion und Revolution der Untertanen, der „unersättliche Appetit nach Vergrößerung des Herrschaftsbereichs" und das Vorliegen von zu wenig Geld, um die Kosten für die Verteidigung und Friedenssicherung decken zu können. Wird ein Souverän im Krieg besiegt und unterwirft er sich einem anderen, so werden seine Untertanen automatisch dem Sieger verpflichtet.

Der Herrscher ist der einzige, der die Rechtsstaatlichkeit auflösen kann, indem er der Souveränität für sich und seine Erben entsagt oder auch stirbt, ohne einen Nachfolger benannt zu haben.[111]

Nur skizzenhaft soll Erwähnung finden, dass Hobbes zwischen drei verschiedenen Staatsformen unterschiedet; der Demokratie, der Aristokratie und der Monarchie, „[a]ndere Arten von Staaten kann es nicht geben"[112], wobei der Vergleich dieser Formen ganz klar zugunsten der Monarchie ausfällt, da nur ein uneingeschränkter Souverän seiner Meinung nach die Erhaltung des Friedens sichern kann. Allerdings sieht Hobbes ausdrücklich die Möglichkeit vor, dass es sich beim Souverän des „Commonwealth" nicht um eine Einzelperson, sondern eine beratende Versammlung handeln kann, denn entscheidend ist allein die Einheit des Willens, die in Beschlüssen des Souveräns zum Ausdruck kommen muss.[113]

Der Staatsformeneinteilung Hobbes' steht Aristoteles' Einteilung der Staatsformen in gute und entartete Staatsformen gegenüber. Die guten, bei denen das Gemeinwohl aller den Vorrang vor dem egoistischen Streben Einzelner hat, sind die Monarchie, die Aristokratie und die Politie, wobei letztere für Aristoteles die beste Staatsform darstellt. Die entarteten Pendants dazu sind die Tyrannis (mit ihrer extremen Form, der Despotie), die Oligarchie und die Demokratie, wobei Hobbes über die „verfehlten Formen"[114] sagt, „dies sind nicht Namen anderer Regierungsformen, sondern derselben, wenn man sie für schlecht hält."[115]

Der entscheidende Unterschied zwischen den Theorien der beiden großen Denker ist nach Meinung der Verfasserin dieser Arbeit allerdings ein anderer, nämlich der, dass Aristoteles nur die Qualitätsdifferenzen zwischen den einzelnen Herrschaftsarten zu ergründen suchte. Dahingegen stellt Hobbes die neuzeitliche Frage nach der prinzipiellen Legitimierbarkeit

---

[110] „Hätte der größte Teil Englands nicht zuerst die Meinung angenommen, diese Gewalten [...] seien [...] aufgeteilt, so wäre das Volk niemals geteilt und in diesen Bürgerkrieg gestürzt worden" (Ebd., 18, 142).

[111] Vgl. Hobbes: Leviathan, 21, 172.

[112] Hobbes: Leviathan, 19, 145.

[113] Zwar argumentiert Hobbes in seinen drei Hauptwerken stets für einen Vorrang der Monarchie gegenüber der anderen möglichen Regierungsformen, doch lässt sich seine Theorie nach Meinung der Verfasserin dieser Arbeit auch ohne weiteres auf die übrigen Regierungsformen übertragen.

[114] Aristoteles: Politik, 1279b 4.

[115] Hobbes: Leviathan, 19, 145.

von Herrschaft, die eine Gesellschaft konstituiert, in der jeder seiner eigenen Glücksvorstellung im Rahmen genereller verhaltensregulierender Gesetze nachgehen kann

Bei Hobbes' Theorie bleibt allerdings die Frage offen, wer oder was die Untertanen vor einem Souverän schützt, der der Grausamkeit, der Mordlust oder dem Wahnsinn verfällt. Hierzu zieht Hobbes zwar einen Vergleich mit dem heimtückischen Handeln Davids gegenüber Uria, mit dessen Frau er geschlafen hat, zu Rate, kommt allerdings zu dem Ergebnis, dass die Tötung „doch kein Unrecht an *Uria*, sondern an *Gott* [war]. An *Uria* nicht, weil das Recht, nach Belieben alles zu tun, von *Uria* selbst übertragen worden war.“[116]

Allerdings ist dieses Argument, wie Münkler sagt, „eher dazu angetan, das Misstrauen seiner [gemeint ist Hobbes, Anm. d. Verf.] Kritiker zu bestärken als es zu entkräften.“[117] Zwar ist sich Hobbes durchaus darüber im Klaren, dass ein absoluter Souverän seine Macht auch missbrauchen und damit Probleme für die Bürger mit sich bringen kann. Seiner Meinung nach sind diese Unannehmlichkeiten - verglichen mit dem „Elend und den schrecklichen Nöten" eines Bürgerkriegs - allerdings „kaum fühlbar“[118].

4.4. Zum Begriff des ‚Leviathan'

Der Leviathan ist neben dem Behemoth im Buch Hiob[119] ein großes Tier, dem nur Gott selbst überlegen ist, denn „auf Erden ist seinesgleichen niemand; er ist gemacht, ohne Furcht zu sein“[120]. Da das gewaltige Wesen, das als das stärkste und unbändigste Tier geschilderte Seeungeheuer, allen anderen überlegen ist, kann es frei von Furcht sein. Leviathan heißen aber auch die beiden Schlangen, die Gott nach Jesaja 27,1 mit dem Schwert heimsucht. Der Leviathan als Schlange oder auch – so eine weitere Übersetzung – Drache wird zu einem Schreckbild gefährlicher Kraft. Im Mittelalter kann er auch mit der Macht des Teufels, mit Satan selbst, identifiziert werden.[121]

---

[116] Hobbes: Leviathan, Kapitel 21, S. 166.
[117] Münkler: Thomas Hobbes, S. 131.
[118] Vgl. Hobbes: Leviathan, 18, 144.
[119] Vgl. Hiob 40, 41. Die mythengeschichtliche Herkunft der biblischen Schilderungen ist bis heute nicht geklärt; eine vertretene These ist beispielsweise die, dass im Leviathan eine Gottheit der babylonischen Urflutssage, die „tiamat" wieder erkannt werden kann. Der mythische Eindruck, der mit dem Begriff des Leviathans assoziiert wird, findet sich jedoch in Hobbes' Werk nicht bestätigt.
[120] Hiob 41,25.
[121] Vgl. Hobbes: Leviathan, Einleitung von Fetscher, XLI.

Es scheint sinnvoll, kurz auf den Behemoth, ebenfalls ein Ungetüm aus dem Buche Hiob[122], einzugehen, der im Gegensatz zum Leviathan, der für den großen, mächtigen Staat steht, die Revolution symbolisieren soll: „Dadurch verhält es sich so, daß das eine Ungeheuer, der Leviathan „Staat", das andere Ungeheuer, den Behemoth „Revolution", andauernd niederhält."[123]

Auskunft über das Wesen des Leviathan gibt auch das Titelbild[124] der ersten englischen Ausgabe des Leviathan von 1651, ein Kupferstich, der mit dem Titel des Leviathan und dem Motto aus dem Buche Hiob „*Non est potestas super terram quea comparetur ei*" erscheint: eine geradezu riesenhafte, menschliche, männliche Gestalt, deren Körper aus zahllosen kleinen Menschen zusammengesetzt ist, auf dem Kopf eine Krone, in der rechten Hand ein Schwert, das Symbol der weltlichen Macht, links ein Bischofsstab, das Symbol der geistlichen Macht. Beides wird schützend über eine friedliche Stadt gehalten.

Dass der Körper aus einzelnen Menschen besteht, signalisiert, dass jedes Rechtssubjekt sich im Souverän wieder erkennen kann (und der Herrscher durch den Rechtsverzicht aller erst so mächtig werden kann). Dieser durchaus demokratische Ansatz wird in Hobbes' Werk allerdings nicht weiter verfolgt, ist für ihn doch die bestmögliche Staatsform die Monarchie. Ausdruck der Souveränität des Leviathans hingegen ist die Tatsache, dass der Kopf des Staates nicht aus Menschen zusammengesetzt ist.

In Hobbes' Werk wird der Leviathan beschrieben als ein Mensch großer Gestalt und als *deus mortalis*. Allerdings ist Hobbes' Staat eher als Maschine denn als organisches Lebewesen konzipiert, wobei diese Konzeption des Staates als ein technisches Kunstwerk dem Aristotelismus mit seiner Annahme der naturgemäßen politischen Gemeinschaft wiederum stark widerspricht. Hobbes' Leviathan ist eine rationale Erfindung, ein *homo artificialis*, „kurz, das Meisterstück und der Gipfel menschlicher Zivilisation"[125], eine Maschine, bei der Stoff und Künstler, Maschine und Maschinenbauer, dasselbe sind, nämlich Menschen. Dadurch wird der Leviathan „zu einem riesenhaften Mechanismus im Dienst der Sicherung des diesseitigen physischen Daseins der von ihm beherrschten und beschützten Menschen"[126]. Nachdem die Menschen diese Maschine allerdings erzeugt haben, können sie nicht mehr über sie verfügen; über den Souverän gibt es kein menschliches Gericht mehr.

---

[122] Beide Ungeheuer tauchen auch in den apokalyptischen Texten auf, in der Johannesapokalypse, auch in Texten der talmudischen Überlieferung.
[123] Schmitt: Der Leviathan in der Staatslehre des Thomas Hobbes, 34.
[124] Das Titelbild ist im Anhang zu finden.
[125] Bubner: Polis und Staat, S. 129.
[126] Schmitt, Der Leviathan in der Staatslehre des Thomas Hobbes, S. 54.

Weshalb Hobbes seinem friedensbringenden Souverän, der den Frieden, den Gegenentwurf zu Bürgerkrieg und Unordnung, schützen soll, gerade einen derart furchterregenden Namen gab, ist unklar und kann nur vermutet werden. Bubner ist der Meinung, dass Hobbes damit ausdrücken will, dass die Erkenntnis seiner Friedensfunktion wichtiger als sein übler Namen ist.[127]

5. Abschließende Bemerkungen

Leider kann aufgrund des doch sehr begrenzten Umfangs dieser Arbeit nicht auf alle Punkte so sorgfältig eingegangen werden, wie es sicherlich möglich gewesen wäre. Die Gegenüberstellung der Hobbesschen Theorie mit der Aristoteles' muss schemen- und skizzenhaft bleiben; viele Punkte, die noch vergleichbar gewesen wären, wie beispielsweise die Auffassung und die Funktion von Freundschaft oder auch Hobbes' Kritik an Aristoteles' Metaphysik, die Hobbes weitgehend auf die Lehre von den getrennten Essenzen konzentriert, mussten unerwähnt bleiben.

Aber auch die politische Theorie Thomas Hobbes' liefert noch sehr viele Aspekte, deren Untersuchung fruchtbar gewesen wäre; beispielsweise die Aufnahme der Vertragstheorie in der Folgezeit und eine Gegenüberstellung mit weiteren Anhängern des Kontraktualismus, wie beispielsweise John Locke, Jean-Jacques Rousseau oder auch Immanuel Kant. Aber auch in der politischen Philosophie der Gegenwart hat die Vertragstheorie in John Rawls einen Vertreter gefunden. Dessen auf das Problem der Begründung von Gerechtigkeitsprinzipien konzentrierten Kontraktualismus der Hobbesschen Theorie gegenüberzustellen, wäre ebenfalls eine Untersuchung wert gewesen.

Ferner liefert auch Hobbes' Bibelkritik und seine Vorstellungen von Religion und dem natürlichen Reich Gottes Stoff für weitere Betrachtungen, genauso wie es sich gelohnt hätte, auf Hobbes' These des deskriptiven soziologischen Individualismus näher einzugehen, denn sie besitzt beträchtlichen Zumutungswert, verlangt sie doch vom Leser, menschliche Grundeigenschaften, die nachweislich nur in gesellschaftlicher Kontextualität erworben werden können wie Sprachgebrauch, Selbstwertschätzung usw. als Natureigenschaften anzusehen.

Bleibt die Hoffnung, dass die vorliegende Untersuchung das eigentliche Anliegen dieser Hausarbeit, die radikale Abwende Hobbes' von den antiken Vorstellungen zu zeigen, deutlich machen konnte.

---

[127] Vgl. Bubner: Polis und Staat, S. 127.

6. Literaturverzeichnis:

1. Primärliteratur:
Aristoteles: Nikomachische Ethik, hrsg. v. Wolf, Reinbek 2006.
Aristoteles: Politik, hrsg. v. Gigon, München 1973.
Hobbes: De Cive, dt.: Vom Bürger, in: Thomas Hobbes: Vom Menschen. Vom Bürger, hrsg. v. Gawlick, Hamburg 1959.
Hobbes: De Homine, dt.: Vom Menschen, in: Thomas Hobbes: Vom Menschen. Vom Bürger, hrsg. v. Gawlick, Hamburg 1959.
Hobbes: Leviathan oder Stoff, Form und Gewalt eines kirchlichen und bürgerlichen Staates, hrsg. v. Fetscher, Neuwied, Berlin 1966.
Hobbes: Naturrecht und allgemeines Staatsrecht in den Anfangsgründen, hrsg. v. Tönnies, Darmstadt 1976.

2. Sekundärliteratur
2.1. Selbstständige Publikationen
Bubner: Polis und Staat, Baden-Baden 2002.
Evangelische Kirche Deutschland (Hrsg.): Die Bibel nach der Übersetzung Martin Luthers, Stuttgart 1985.
Heger: Die Politik des Thomas Hobbes, Frankfurt, New York, 1981.
Kersting: Die politische Philosophie des Gesellschaftsvertrags, Darmstadt 1994.
Kersting: Thomas Hobbes zur Einführung, Hamburg 2002.
Kodalle: Thomas Hobbes – Logik der Herrschaft und Vernunft des Friedens, München 1972.
Münkler: Thomas Hobbes, Frankfurt am Main 2001.
Nohlen u. a. (Hrsg.): Lexikon der Politik, Bd. 1: Politische Theorien, München 1995.
Palaver: Politik und Religion bei Thomas Hobbes eine Kritik aus der Sicht der Theorie René Girards, Innsbruck, Wien 1991.
Schmitt: Der Leviathan in der Staatslehre des Thomas Hobbes. Sinn und Fehlschlag eines politischen Symbols, Hamburg 1938.
Tuck: Hobbes, Freiburg, Basel, Wien 2004.

2.2. Aufsätze:
Chwaszcza: Thomas Hobbes, in: Mainer u. a. (Hrsg.): Klassiker des politischen Denkens, Bd. 1. Von Plato bis Hobbes, München 2001.
Hespe: Die Erschaffung des *Leviathan* in: Hüning (Hrsg.): Der lange Schatten des Leviathan. Hobbes' politische Philosophie nach 350 Jahren, Berlin 2005.
Kersting: Vertrag – Gesellschaftsvertrag – Herrschaftsvertrag in Brunner u. a. (Hrsg.): Geschichtliche Grundbegriffe. Historisches Lexikon zur politisch-sozialen Sprache in Deutschland. Bd. 6 St-Vert, Stuttgart 1990.
Klenner: Des Thomas Hobbes bellum omnium contra omnes, in: Emons (Hrsg.): Sitzungsberichte der Akademie der Wissenschaften der DDR, Gesellschaftswissenschaften, Jahrgang 1989, Nr. 6.

Internetquellen:
http://www.britannien.de/Geschichte/Geschichte.htm (28.02.2006).

7. Anhang
Titelbild der Leviathan-Ausgabe von
1651

Quelle: http://www.loc.gov/exhibits/world/world-object.html